AF145966

ERNST FERSTL

Herznah

Gedichte

VERÄNDERTE NEUAUFLAGE 2015

Herstellung und Verlag:
    BoD - Books on Demand
    Norderstedt

    ISBN 978-3-7386-2214-0

Copyright Gedichte:
    Ernst Ferstl
    www.gedanken.at

Cover & Satz:
    Monika Schweitzer
    www.grafikdesignbykiss.com

DER WEG

&

DAS ZIEL

Das Wichtigste
auf dem Weg
unseres Lebens ist,
dass wir dem Leben
und der Liebe
nicht aus dem Weg
gehen.

GESETZLOSIGKEIT

Für Liebende
gelten die Gesetze
der Schwerkraft nicht:
Wenn sie sich
in die Arme schließen,
öffnen sie sich.
Wenn sie loslassen,
finden sie
festen Halt.
Wenn sie sich
fallen lassen,
schweben sie
Richtung Himmel.

EIN WEGWEISER

Es gibt
sehr viele Wege,
um einen Menschen
kennen zu lernen,
aber nur einen,
um einen Menschen
lieben zu lernen:
den der Liebe.

VERSCHWENDERISCHER

REICHTUM

Manchmal
verschwende ich
Unmengen von Gedanken
über mich und dich,
über Gott und die Welt,
über Sinn und Unsinn,
über alles und nichts –
und denke mir,
dass ich mich
reich und glücklich
schätzen darf darüber.
Mensch,
wenn mir dasselbe
doch auch
mit meinen Gefühlen
gelänge!

WURZELN

&

FLÜGEL

Wenn unsere Liebe
in uns beiden
Wurzeln schlagen kann,
wird sie
mit der Zeit
auch Flügel bekommen.
Und wenn nicht?
Dann wird sie
beim ersten Gegenwind
auf- und davonfliegen.

IN DER STILLE

ANGEKOMMEN

In der Stille angekommen
gehe ich in mich,
stehe ich zu meinen
Stärken und Schwächen,
liegen mir mein Leben
und die Liebe
am Herzen.
In der Stille angekommen,
sehe ich mich, dich, euch
und die Welt
mit anderen Augen,
mit den Augen des Herzens.
In der Stille angekommen,
höre ich auf mein Inneres,
spüre ich Geborgenheit,
lerne ich Gelassenheit,
tanke ich Vertrauen.

ENERGIE-

SPARMASSNAHME

Ab sofort
bin ich
nur noch
ich.

Alles andere
ist mir
auf die Dauer
zu anstrengend.

FRIEDENSSCHLUSS

Wenn es uns
nicht gelingt,
mit unseren Schwächen
und Fehlern
einen fairen
und dauerhaften
Frieden zu schließen,
werden uns
unsere versteckten Ängste
immer wieder
den Krieg erklären.

NEUBEGINN

Die Freiheit,
jederzeit
etwas Neues
anfangen zu können,
dürfen wir uns
von niemandem
nehmen lassen;
nicht einmal
von unserer Angst,
alte Fehler zu wiederholen
oder in ein neues
Unglück zu rennen.

BIS AN DIE GRENZEN

Ich möchte
bis an meine Grenzen gehen,
um meine Liebe zu dir
auszuloten.
Ich möchte
bis an deine Grenzen gehen,
um deiner Liebe zu mir
in die Augen schauen zu können.
Ich möchte mit dir
bis an unsere Grenzen gehen,
um einander
besser verstehen zu können
und füreinander
Heimat zu werden.

ZIELVORSTELLUNGEN

Nahziel:
Ich möchte dir
nahe kommen.

Fernziel:
Ich möchte dir
nahe sein.

Lebensziel:
Ich möchte dir
nahe bleiben.

WEGWEISEND

Wenn wir einen Menschen
zu lieben beginnen,
wissen wir nie,
wohin das führt.

Aber wir fühlen,
dass wir
auf dem richtigen
Weg sind.

EINZIGARTIG

Unter den mehr als
7 Milliarden Menschen
auf der ganzen Welt
gibt es nur
einen einzigen,
zu dem
ich
ich
sagen kann.

MEINETWEGEN

Glaube ja nicht,
dass ich dich
nur deinetwegen
liebe!

Ich liebe dich
natürlich auch
meinetwegen!

GEFÜHLE

Gefühle
erkalten,
wenn wir sie
verheizen.

Gefühle
laufen davon,
wenn wir sie
verfolgen.

Gefühle
verarmen,
wenn wir sie
nicht ausdrücken.

KEINE ARBEIT

Sich und andere
lieben,
das ist keine Arbeit.

Macht aber
ganz sicher
welche.

GESCHENK LIEBE

Die Liebe eines Menschen
ist ein Geschenk.
Es ist also sinnlos,
darum auf Biegen und Brechen
zu kämpfen,
mit Gegenleistungen
zu winken,
Gegengeschäfte
in Aussicht zu stellen
oder auf einen Eroberungsfeldzug
zu gehen.

Die Liebe eines Menschen
ist und bleibt
ein Geschenk.

GEFÜHLSAUSDRUCK

Natürlich
lassen sich
auch unsere
tiefsten Gefühle
in Worte fassen.

Aber es sind
dann eben
nur noch
Worte.

GRUNDLOS

Die Liebe
verliert
ihren Grund,
sobald wir versuchen,
Gründe für sie
zu suchen.

AUSGANGSPUNKT

Viele Probleme
im Umgang miteinander
entstehen
einfach bereits
aus der Tatsache,
dass wir
immer
von uns ausgehen.

RECHTSLAGE

Niemand
hat das Recht,
uns vorzuschreiben,
wen wir lieben,
was und wie wir lieben,
wo und wann wir lieben.

Niemand
hat diese Rechte.
Nicht einmal die,
die uns lieben.

EINFACH

DIE LIEBE

LEBEN

Die Liebe leben.
Lass uns einfach
die Liebe leben.
Lass uns
unsere Liebe
einfach leben.

Auch wenn das
alles andere
als einfach ist:
Es ist einfach das Schönste,
was uns
unser gemeinsamer Lebensweg
zu bieten hat.

EINSICHT

MIT GUTEN

AUSSICHTEN

Du,
wir könnten
einander
mehr geben,
wenn wir
voneinander
weniger
verlangen würden.

WORAUF ES ANKOMMT

Es kommt nicht
darauf an,
dass wir uns
gegenseitig
möglichst viel
schenken.

Es kommt darauf an,
ob wir imstande sind,
uns gegenseitig
etwas zu geben.

IM BOOT DES LEBENS

Manchmal verspüre ich
große Lust,
mein Lügennetz
mit all den zusammengefischten
Ausreden, Vorurteilen
und vorläufigen Antworten
über Bord zu werfen,
mit dem Boot meines Lebens
hinaus zu segeln
in noch unbekannte Gewässer,
um dort meine Netze
auszuwerfen
nach klaren Worten,
weiterführenden Gedanken
und herzerfrischenden Gefühlen,
die meinen Hunger nach Aufrichtigkeit
und meinen Durst nach Ehrlichkeit
stillen könnten.

DRINNEN

&

DRAUSSEN

Was sich
heutzutage
draußen in der Welt
alles abspielt,
ist uns
nicht fremd.

Tief drinnen
in uns
spielt sich
Ähnliches ab.

EINE

WICHTIGE

FRAGE

Du,
auch dein Leben
ist ein wunderbares
Geschenk.

Hast du es
schon ausgepackt?

LEBEN HEISST LERNEN

Leben heißt lernen,
dass wir uns Zeit nehmen müssen,
wenn wir welche haben wollen;
dass wir verantwortlich sind
für Gedachtes und Nichtgedachtes,
Gesagtes und Nichtgesagtes,
Getanes und Nichtgetanes;
dass der Sinn des Lebens
darin liegt, immer die Liebe
und das Leben im Sinn zu haben.

Leben heißt lernen,
dass es nicht darauf ankommt,
ob wir uns etwas schenken,
sondern darauf, ob wir imstande sind,
uns gegenseitig etwas zu geben;
dass das Wesen des Lebens
die Veränderung ist;
dass wir Liebe säen müssen,
wenn wir Liebe ernten wollen.

Leben heißt lernen,
die Kunst der Gelassenheit auszuüben:
das Weglassen, das Zulassen,
das Loslassen;
dass die schwierigste Aufgabe
unseres Lebens darin besteht,
nie aufzugeben;
dass unser Mensch-Sein untrennbar
mit dem Mensch-Werden verbunden ist.

ARBEITSVERWEIGERUNG

Immer mehr
wollen sich gar nicht
mit sich selbst
beschäftigen.

Erstens
hat man keine Zeit,
zweitens
wäre das
mit Arbeit verbunden,
und drittens
will man doch nicht
an Langeweile sterben.

MENSCHENWÜRDE

Die Liebe
verleiht uns Macht
über die Menschen,
die uns lieben.
Wenn wir diese
aber missbrauchen,
auf welche Weise
auch immer,
verletzen wir
die Würde eines Menschen
so schwer,
dass die Liebe daran
qualvoll
zugrunde geht.

VORGABEN

Ich gebe mich nicht mehr
damit zufrieden, etwas zu sein.
Ich nehme mir vor,
jemand zu sein,
Mensch zu werden.

Ich gebe mich nicht mehr
damit zufrieden, etwas zu erleben.
Ich nehme mir vor,
mein Leben
zum Leben zu erwecken.

Ich gebe mich nicht mehr
damit zufrieden, lieb zu sein.
Ich nehme mir vor,
das Leben zu lieben
und die Liebe zu leben.

LECKERBISSEN

Die köstlichsten
Leckerbissen
unseres Lebens
sind jene Menschen,
die wir zum Fressen
gernhaben
dürfen.

KÜRZESTFASSUNG

EINER

LIEBESGESCHICHTE

Aus Liebe.
Liebe.
Aus.

GEBEN

&

NEHMEN

Was uns
das Leben nimmt,
verschlägt uns
oft genug
die Sprache.

Was uns
das Leben gibt,
erscheint uns
oft genug
nicht der Rede wert.

SCHADE

Wirklich jammerschade,
dass für viel zu viele
das Wort Liebe
ein Namenwort
ist und bleibt
und nie
zu einem Tätigkeitswort
wird.

TRAGÖDIE

Die Liebe
ging.

Der Ehepartner
blieb.

STÖRUNG

Ist das Gleichgewicht
zwischen Geben und Nehmen
längere Zeit
empfindlich gestört,
kommt das Gefühl
des Wohlfühlens
in der Nähe des Anderen
sehr schnell
und leicht
unter die Räder.

ZUM WUNDERN

Tagtäglich
werden wir bombardiert
mit Katastrophenberichten,
fürchterlichen Vorkommnissen,
negativen Nachrichten
und schrecklichen Bildern.
Ist es da nicht ein Wunder,
dass wir immer noch
an das Gute im Menschen
glauben können,
dass wir die Hoffnung
auf bessere Zeiten
nicht aufgeben,
dass wir noch immer
anderen Menschen
unser Vertrauen
schenken können,
dass wir schlafen
und träumen können,
leben und lieben?

TROSTSPENDE

Spätestens
im Himmel
werden wir auch
mit unguten Menschen
gut umgehen
können.

URTEILSSPRUCH

Wenn es
in unserem Leben
nur noch
ums Geldverdienen
und ums Gutgehenlassen
geht,
haben wir
zu unserem Unglück
nichts Besseres
verdient.

WAS GUT TUT

Anerkennende Worte
tun uns gut.
Fröhliche Blicke
tun uns gut.
Freundschaftliche Umarmungen
tun uns gut.
Herzliche Begegnungen
tun uns gut.
Wir täten gut daran,
uns gegenseitig
möglichst oft
Gutes zu tun.

WIDERSTAND

Denen das Fürchten lernen,
die uns Angst einjagen wollen.
Denen die Unschuld nehmen,
die uns die Schuld
in die Schuhe schieben wollen.
Mit denen ein Hühnchen rupfen,
die uns als Stimmvieh
missbrauchen wollen.
Denen einen Baum aufstellen,
die unsere Umwelt
aus Profitgier zerstören.
Denen das Wort abschneiden,
die uns mit Versprechungen
abspeisen wollen.
Denen einen Strich
durch die Rechnung machen,
die uns für dumm verkaufen wollen.

VOM LIEBHABEN

& LIEBEN

Liebhaben
können wir,
wenn wir wollen,
sehr viele Menschen.

Lieben
können wir
nur wenige.

HÖHEN- &

TIEFENANGST

Aus Angst
vor den Höhen und Tiefen
eines sinnlichen,
besinnlichen
und sinnreichen Lebens
pflegen
viel zu viele
sicherheitshalber
ebenerdig
zu denken
und zu fühlen,
zu leben
und zu lieben.

WIE ES IST

Du sagst,
dein Leben
könnte
so bunt,
so überraschungsreich,
so lebenswert,
so traumhaft schön,
so wunderbar sein,
wenn nicht ...

Wenn du
das Wort könnte
durch das Wort ist
ersetzt,
könnte es
wirklich
so werden,
wie es ist.

50

GRUNDLEGENDES

Wer
es nicht schafft,
in sich zu gehen
und es dort
mit sich selbst
auszuhalten,
dem fehlt
jegliche Grundlage,
um über sich
hinauswachsen
zu können.

UNNÜTZES ZEUG

Was nützt mir
das Feuer
in meinem Herzen,
wenn niemand da ist,
um sich daran
zu erwärmen?

Was nützt mir
das Feuerwerk
in meinen Gedanken,
wenn niemand da ist,
um es zu zünden?

Was nützt mir
meine Sehnsucht
nach Nähe,
wenn niemand da ist,
der mir nahe sein will?

FEHLERSUCHE

Wer niemand hat,
der ihm Halt verleiht,
dem fehlen
seine Wurzeln.

Wer nicht
loslassen kann,
dem fehlen
seine Flügel.

HABSUCHT

Die Einstellung,
einen lieben Menschen
zu haben,
der so ist,
wie man ihn
haben will,
hat nichts mit Liebe,
aber sehr viel
mit Habsucht
zu tun.

VORSPIELSPIELE

Wir haben einander
lange genug
etwas vorgespielt:
etwas Schönes, Nettes,
Traumhaftes, Zauberhaftes,
Reizendes und Liebes.
Und ich habe
und du hast
dieses Spiel genossen.
Wenn es aber
ernst werden soll
mit unserer Beziehung,
müssen wir
diese Vorspielspiele
langsam beenden,
damit etwas anfangen kann
zwischen uns,
das länger hält
als das schöne Wetter.

FREIHEITSENTZUG

Du willst
frei sein
von allem
und für alles
und ziehst doch
eine immer höhere
Schutzmauer um dich,
damit dir
ja niemand
deine Freiheit einengen,
verletzen
oder gar rauben kann.

Darf der Freiheitsdrang
so weit gehen,
dass man sich selbst
zum Sklaven macht?

EIN OFFENES OHR

Natürlich habe ich
durchaus
ein offenes Ohr
für deine zahlreichen Anliegen,
deine großen Sorgen und
deine vielen Probleme.

Natürlich habe ich
durchaus
ein offenes Ohr dafür.

Sogar ein
durch und durch offenes.

LIEBEN &

LEIDEN KÖNNEN

Bevor wir
einen Menschen
lieben
dürfen,
müssen
wir ihn
gut leiden
können.

WAS DU VON MIR
ERWARTEN KANNST

Erwarte
nicht von mir,
dass mir
alles
an dir gefällt.

Erwarte nur,
dass ich
versuchen werde,
alles
an dir
zu achten,
zu verstehen
und
anzunehmen.

RELATIVITÄTSPRAXIS

Kennst du
das Gefühl
ewiger Liebe?

Ja,
natürlich.
Schon.

Flüchtig.

CHANCENLOS

Du sagst,
du willst mir
noch eine letzte Chance
geben,
um dich zu erobern.
Du,
ich glaube,
ich werde diese
nicht wahrnehmen.
Ich bringe es
einfach nicht
übers Herz,
immer wieder
um deine Liebe
betteln zu müssen.

ALLES IST MÖGLICH

Wenn es
die Liebe
schafft,
uns um den Verstand
zu bringen,
warum soll es dann
nicht auch
der Verstand schaffen,
uns um
die Liebe
zu bringen?

EINE FESTE BEZIEHUNG

Er wünschte sich
eine feste Beziehung.
Sie wünschte sich
eine feste Beziehung.
Sie schafften es
wirklich.

Jetzt haben sie
einander festgenagelt,
aber ihre feste Beziehung
ist alles andere
als ein Fest.

ECHT LIEB

Es gibt
etliche Menschen
in meiner Nähe,
die sind echt lieb,
aber
am liebsten
sind mir
die echten.

BESITZANZEIGE

Mein Schatz.
Meine Auserwählte.
Mein Engel.
Meine Prinzessin.
Mein Augenstern.
Mein Schnuckiputzi.
Mein Mausi.
Mein Herzblatt.
Mein Ein und Alles.
Meine Allerliebste.

Achtung!
Vorsicht!

Mein ist ein
besitzanzeigendes
Fürwort.

DUETT ODER DUELL

In der Theorie
sollte eine Ehe
einem Duett gleichen.

In der Praxis
schaut es
bei vielen Paaren
eher
nach einem Duell
aus.

REISSFEST

Es gibt Beziehungen,
da müssen wir uns
immer wieder
zusammen reißen,
um sie nicht einfach
aufzugeben
und sein zu lassen.

Manchmal
entstehen daraus
reißfeste Beziehungen
fürs ganze Leben.

EIN ERFÜLLTES LEBEN

Ein erfülltes Leben
ist keine Folge
der Erfüllung
aller Wünsche.

Es ist die Frucht
eines mit Liebe
erfüllten Herzens.

UNSER VERLANGEN

Auf der einen Seite
verlangen wir
von unseren Mitmenschen
oft sehr viel.

Auf der anderen Seite
ist unser Verlangen
nach ihnen
oft mehr als gering.

UNGESCHÜTZT

Immer wieder diese Angst,
sein Herz zu verlieren
an einen Menschen,
der ungeschützt
die Nähe wagt,
in den Augen eines Du
ohne Grund zu versinken.
Immer wieder diese Angst,
Herz über Kopf
ungeschützt
in unbekannte Tiefen und Höhen
geschleudert zu werden,
der Anziehungskraft
eines anderen Menschen
hilflos ausgeliefert zu sein.

HIMMELFAHRT

Es ist sinnlos,
Liebenden
Steine
in den Weg
legen zu wollen.

Sie sind
auf dem Weg
zu den Sternen.

TIEFGANG

Wer
tiefe Gefühle
zulässt,
kann leicht
tief und schwer
verletzt werden.

Wer
keine tiefen Gefühle
zulässt,
ist bereits
tot.

NEUER BLICKWINKEL

Immer mehr Menschen
kennen nur noch
Liebe auf den ersten Blick.

Mehr Zeit
haben sie einfach
nicht mehr dafür.

73

STOSSGEBET

Lieber Gott,
mach aus mir
einen E-Herd
oder zumindest
eine Mikrowelle
und stelle mich
in ihre Küche.
Ich möchte
liebend gern,
dass sie mich angreift,
dass sie mir einheizt,
dass sie mit mir kocht
oder dass sie mich
wenigstens
immer wieder
auf- und abdreht.

ZEICHEN UNSERER LIEBE

Wenn unsere Liebe nicht
aus unseren Augen leuchtet,
wie soll sie dann
sichtbar werden?
Wenn unsere Liebe nicht
aus unseren Worten spricht,
wie soll sie dann
hörbar werden?
Wenn unsere Liebe
unseren Gefühlen nicht
freien Lauf lässt,
wie soll sie dann
spürbar werden?
Wenn unsere Liebe nicht
vom zärtlichen Umgang
miteinander
geprägt ist,
wie soll sie dann
im Alltag bestehen
können?

FÜR DICH

Für dich
ist mir kein Gedanke
zu einfach oder zu kompliziert,
kein Gefühl
zu hoch oder zu tief,
keine Tat
zu normal oder zu verrückt.

Für dich
traue ich mir
alles zu.

WERTVOLLES

Du nimmst dir
viel Zeit für mich.
Das gibt mir sehr viel,
nimmt mir viele Ängste
und gibt mir
das wunderbare Gefühl,
liebenswert
und liebenswürdig
zu sein.

LIEBESBEWEISE

Liebende,
die sich geliebt
wissen und fühlen,
wissen und fühlen,
dass sie leichten Herzens
auf Liebesbeweise
verzichten können.
Wer Liebesbeweise
braucht und haben muss,
bekommt -
vielleicht -
Beweise,
nicht aber Liebe.

ZEITANGABEN

Bei uns beiden
ist es nicht mehr
fünf vor zwölf.
Fünf nach zwölf
war es bereits,
aber
es hat noch nicht
dreizehn geschlagen.

Wir beide
sind schon
halb eins.

LESEN & SCHREIBEN

Ich lese
in deinen Augen
von deiner Sehnsucht
nach Nähe
und schreibe
meine Antwort
auf deine Haut.

Mensch,
bin ich froh,
dass ich
kein Analphabet bin.

ETWAS SCHÖNES

Zwischen uns ist
etwas
passiert.
Zwischen uns
entwickelt sich
etwas.
Zwischen uns soll
etwas
sein.
Und:
Ich liebe dieses
Etwas.

DEIN GESCHENK

Du belebst
mein Leben,
du begeisterst
meinen Geist,
du beseelst
meine Seele.

Du beschenkst mich
mit dem wertvollsten
Geschenk,
das ich mir
vorstellen kann:
mit dir.

HIMMLISCH

Du musst
ein Engel sein.

Wie sonst
könntest du
mir
und meinem Leben
Flügel verleihen?

GLEICHBERECHTIGUNG

Bemerkung 1

Männer und Frauen
sind bei uns
gleichberechtigt.

Besonders
die Männer.

Bemerkung 2

Für die meisten Frauen
sind alle Männer
gleich.

Mehr
oder weniger.

FRAGE & ANTWORT

Eine gute Idee
von dir,
mich
nicht
zu fragen,
ob ich dich
liebe,
sondern
meine Zärtlichkeiten
als Antwort
gelten zu lassen.

SCHLEICHWEG

Der Weg zu dir
ist alles andere
als leicht zu finden
und leicht zu gehen.

Aber zu meinem Glück
kenne ich da
einen Schleichweg.

DU BIST FÜR

MICH

Du nimmst mich,
wie ich bin.
Das gibt mir
Selbstvertrauen.

Du hast
eine Schwäche für mich.
Das macht mich stark.

Du lässt mich los.
Das gibt mir Halt.

ICH MÖCHTE DICH

MITNEHMEN

Manchmal
möchte ich dich mitnehmen
in mein Hirn,
damit du meinen Gedanken
ins Auge sehen kannst.
Manchmal
möchte ich dich mitnehmen
in mein Herz,
damit du meine Gefühle
für dich und uns
begreifen kannst.
Manchmal
möchte ich dich mitnehmen
in meinen Körper,
damit du spüren kannst,
was ich spüre,
wenn ich dich spüre.

DU GEFÄLLST MIR

Seit ich bemerke
und fühle,
dass du
Gefallen an mir
findest,
gefällst du mir
von Tag zu Tag
und Nacht zu Nacht
besser.

WORTE FÜR UNSERE LIEBE

Die Eskimo haben
52 Worte für Schnee.
Wäre doch gelacht,
wenn es uns beiden
nicht gelänge,
52 Worte für unsere Liebe
zu finden.

Wenn nicht,
ist sie sowie
über kurz oder lang
Schnee von gestern.

SUPERLATIVE

Das Schönste
an einem geliebten Menschen ist,
dass man gemeinsam
wachsen und blühen kann.

Das Wunderbarste
an einem geliebten Menschen ist,
dass der Grund der Liebe
ein Geheimnis bleibt.

Das Wichtigste
an einem geliebten Menschen ist,
dass es ihn gibt.

DIE RICHTIGEN WORTE

Wir finden nur selten
die richtigen Worte
für unser Glück,
für unsere Dankbarkeit,
dass wir uns lieben dürfen.
Warum?
Vielleicht liegt es daran,
dass uns diese Worte
nicht auf unseren Zungen,
sondern auf unseren Herzen
liegen.

NEUE NACHRICHTEN

Die schlechte Nachricht:
In unsere Beziehung
ist der Alltag eingezogen.

Die gute Nachricht:
Die Sonntage werden
noch schöner.

MEIN WECKER

Du weckst
Gedanken und Gefühle
in mir,
von denen ich
bisher
gar nicht wusste,
dass sie
in mir schlummern.

WOLLEN & KÖNNEN

Meine Zuneigung zu dir
zeigen wollen,
ihr Ausdruck verleihen -
und es oft nicht können.

Mein Glück mit dir
zur Sprache bringen,
zu Wort kommen lassen -
und es oft nicht können.

Dein Anderssein
verstehen
und annehmen wollen -
und es oft nicht können.

ZEITNEHMUNG

Wenn in unserer Beziehung
das füreinander
Zeitnehmen
und das füreinander
Zeithaben
nicht
zum täglichen Brot werden,
verhungert
unsere Liebe
mit der Zeit.

BERUHIGENDE TATSACHEN

Solange wir
zueinander stehen,
brauchen wir uns
keine Sorgen zu machen
über alles,
was auf uns zukommt
und vor uns liegt.

Solange wir
einander am Herzen liegen,
steht unserem Liebesglück
nichts im Wege.

ENTWICKLUNG

Die Schmetterlinge im Bauch
sind seltener geworden,
die Flugzeuge im Bauch
landen und starten
auch nicht mehr so oft.

Hauptsache,
wir fliegen
immer noch
und immer wieder
aufeinander.

HIMMLISCH

Wenn du mich am Tag
in deine Arme nimmst,
sehe ich Sterne.

Wenn du mich in der Nacht
in deine Arme nimmst,
geht für mich die Sonne auf.

Sag, ist unsere Liebe
nicht himmlisch?

HAIKU 1

Gefühle blühen.
Es könnte Frühling werden
mitten im Winter.

HAIKU 2

Wachsende Liebe.
Die Wurzeln des Glücks treiben
kostbare Blüten.

GIPFELSTURM

Wenn unsere Augen
in den jeweils anderen ertrinken,
unsere Lippen einander
Sternstunden versprechen,
deine Wangen mit den meinen
um die Wette glühen,
unsere Hände zu Fuß
Neuland entdecken,
wenn unsere Körper
im gleichen Rhythmus
auf- und untergehen;
dann kann es
nicht mehr weit sein
zum Gipfel des Einsseins.

GEPLATZTE HOFFNUNGEN

Sternstunden wollte ich mit dir erleben,
aber du hast sofort eine dicke
Wolkendecke mit unverbindlichen
Worten und formalen Höflichkeiten
über dich gezogen.

Sonne wollte ich dir ins Leben bringen,
aber du bist sofort in den Schatten
deiner Gewohnheiten geflüchtet.

Eine tragfähige Brücke wollte ich bauen
zwischen mir und dir, aber du wolltest
nicht so viel Arbeit auf dich nehmen.

Du, die Liebe
ist viel zu schade
für ein bequemes Leben.

103

ERKENNTNISSE

Nahe stehen
können uns viele,
am Herzen liegen
nur wenige.

Menschen,
die uns am Herzen liegen,
erkennen wir auch daran,
dass sie uns nicht mehr
aus dem Kopf gehen.

Die tragfähigsten Brücken
sind die
von Herz zu Herz.

SO KÖNNTE ES GEHEN

Aufeinander zugehen,
zusammengehen,
einander nicht mehr
aus dem Sinn gehen,
den Weg des Lebens
miteinander gehen,
zusammen
durch dick und dünn gehen;
gehen lassen,
was nicht geht.

So könnte es gehen.

ERNST FERSTL

Geb. 1955 in Neunkirchen
(Niederösterreich),
lebt mit seiner Familie
in Zöbern/Bucklige Welt,
NMS-Lehrer in Krumbach.
Schreibt Aphorismen,
Gedichte und Kurztexte.

www.gedanken.at
ernstferstl@aon.at

BEKANNTESTE SPRÜCHE

"Zeit, die wir uns nehmen,
ist Zeit, die uns etwas gibt."

"Gerade weil wir alle in einem Boot sitzen,
sollten wir froh darüber sein,
dass nicht alle auf unserer Seite stehen."

"Die mit Abstand beste Nerven-Heil-Anstalt
ist die freie Natur."

Aus dem Buch „Du hast es mir angetan"

AUF DER SUCHE
NACH DEM GLÜCK

Für viele Menschen
hängt ihr Glück von
tausenden Dingen ab.
So fehlt ihnen
logischerweise
immer irgendetwas
zum Glücklichsein.

Wenn sie ihr Glück
allein von der Liebe
abhängig machen würden,
könnten sie ihr Glück
in tausenden Dingen
entdecken.

Aus dem Buch „Zusammen wachsen"

DA IST JEMAND

Da ist jemand, der mich nimmt,
wie ich genommen werden will;
der mich aufbaut, wenn
mich etwas niederdrückt;
der mich zu Herzen nimmt,
wenn mir etwas
über die Leber gelaufen ist;
der mir Gehör schenkt,wenn
mir das Leben Rätsel aufgibt;
der für mich ist, wenn
sich alles gegen mich
verschworen hat.

Da ist jemand,
mit dem ich zusammen wachsen,
vielleicht sogar
zusammenwachsen darf.

APHORISMENBÄNDE

1995: "Kurz und fündig", Va bene-V.

1995: "einfach kompliziert einfach", Va bene-V.

1996: "Unter der Oberfläche", Va bene-V.

1998: "Heutzutage", Freya-V. // 2006, Edition Nove

2000: "Zwischenrufe" , BOD // 2004, Geest V.

2002: "Lebensspuren" , Geest-V. // 2007, Asaro V.

2004: "Durchblicke" , Freya-V.

2005: "Wegweiser" , Asaro-V.

2006: "Bemerkenswert", Asaro-V.

2007: "Denkwürdig" , Asaro-V.

2009: "Gedankenwege"   Brockmeyer V.

2011: "Eindrücke" Brockmeyer V.

2012: "Zusätze"   Brockmeyer V.

2013: "Zugespitzt"   Brockmeyer V.

2014: „Ausgedrückte Eindrücke" BOD

2015: „Punktgenau" BOD